AF399475

Förlag BoD – Books on Demand, Stockholm, Sverige

Tryck: BoD – Books on Demand, Norderstedt, Tyskland

ISBN 9789176992029

Välkommen

Hej, du som just läser de första raderna i min bok. Jag är jätteglad att du vill läsa "Fem tips för ett bättre liv" och jag hoppas att det ska ge dig något. Att du får insikter eller i alla fall roas. Att det jag skrivit väcker tankar hos dig. Kanske minns du plötsligt situationer du själv befunnit dig i eller befinner dig i just nu.

Jag är vare sig läkare eller psykolog. Jag vet troligtvis inte mer om livet och människors beteende än vad du gör. Men å andra sidan så vet både du och jag väldigt mycket. Vi är ju trots allt människor själva. Människor som gått igenom mycket. Sorg, förtvivlan, rädsla, svek och besvikelse men också kärlek, lycka, glädje och en hel massa vardag. Vi har slitit och vi har misslyckats, känt oss dumma och skämts som hundar. Vi har skrattat, älskat, trivts, haft bästa vänner, känt oss smarta och sett så underbara solnedgångar att det nästan gjort ont i hjärtat. Och så länge man kan läsa den här boken har man fler sådana erfarenheter kvar att göra. Kanske kan det bli lite lättare med hjälp av mina reflektioner som lett fram till de fem tipsen. Eller kanske leder det till att du kommer på helt egna. Hur det än blir så önskar jag dig en god fortsättning på din resa genom livet. Jag är tacksam för att jag får vara med en liten del av vägen.

I första kapitlet beskriver jag lite av min egen historia. Vad som ledde mig fram till beslutet att formulera de fem tipsen. Det är ett kapitel som jag framför allt skrev för att själv förstå varför jag gör detta och för att hitta ett sätt att få ut allt det tunga och svåra som jag burit på de senaste åren. Det är mina erfarenheter. Men jag är säker på att det kan ge dig något ändå. Kanske har du varit med om något liknande eller så har du en nyfikenhet för andras öden eller en god förmåga att översätta andras upplevelser till egna trots att de på ytan inte påminner om varandra. Hur som helst så önskar jag dig god läsning!

Jag har alltid haft bilden av att jag har en liten fågel i mitt bröst. En fågel som vill ge sig av på äventyr. Ni vet, den där längtan och lusten som slår upp i en när man för första gången på våren känner att solens strålar faktiskt har värme i sig. Eller när man efter en lång vinter plötsligt hör koltrasten sjunga i skymningen. Eller när den smältande snön skapar små rännilar som kan frakta spontant gjorda barkbåtar nerför sluttande gator. Helt enkelt när livets små mirakler knackar på. "Hej! Vi är här nu! Kom ut och lek!"

Den lilla fågeln i bröstet tog mig som ung med på språkkurser till England och på liftartur runt i Europa. Efter det stod tågluffande till Tyskland, Österrike, Italien och Grekland på tur. Jag fascinerades av allt det vackra i världen. Både platser och människor.

Både jag och min inre fågel fick mersmak på resandet så jag lät mig, mer än villigt, lockas med till Asien. Först en tur med buss till Indien och några år senare via Transsibiriska järnvägen till Kina. Det var en fantastisk tid fylld av vilda äventyr, hisnande naturupplevelser, nya vänner och spännande möten. En tid då allt kändes möjligt och ingen plats för långt bort.

Ju längre jag reste, desto mer distans fick jag också till alla förväntningar på mig. De förväntningar som lätt kan upplevas som väldigt kvävande när man just blivit vuxen. Särskilt från en själv. Förväntningar om att man ska veta vad man ska göra med sitt liv. Om och vad man ska studera, var man ska bo och hur man ska hantera sin längtan efter att träffa någon alldeles speciell. När dessa bojor släppte taget om mig var det lättare att bara vara och lära känna både sig själv och världen.

Då jag gjorde en av resorna med mång andra, organiserat av en folkhögskola i upplösning, blev det också en tid för manipulation, uppbrott, gräl, parasitsjukdomar, hemlängtan och isande skräck. Det var inte lätt att plötsligt på allvar inse, på en skranglig väg genom 80-talets Iran, att vi faktiskt befann oss i ett land i krig. Inte för att jag inte visste det innan vi gav oss iväg. Jag hade bara inte förstått konsekvenserna. Inte insett allvaret.

Det var inte heller lätt att under tandborstningen vid vattenpumpen, i de kastlösas by någonstans i södra Indien, höra ett väsande i mörkret och veta att det kunde vara en kobra på jakt.

Men bland det jobbigaste var att som 20-åring plötsligt känna sig liksom väldigt gammal och besviken på världen. Som om man hade 100 år av misströstan bakom sig. De första åren av ens vuxenliv är en tid då man lätt drabbas extra hårt. Man förväntas vara vuxen. Men det är en roll som det tar tid att axla.

Särskilt om man tar på sig för mycket från början. Vilket många 20-åringar gör. När man förväntas vara en del av vuxenkollektivet men istället för att känna sig som en trygg medlem av klanen undrar man vad i hela friden de andra vuxna redan lyckats ställa till med. Och varför de inte gjort mer för att stoppa allt elände. Att de ens lät det hända, till att börja med.

En hård smäll för mig personligen var mötena med de barn som tvingats ingå i tiggarsyndikaten som finns i Indien. De barn som jag hört var sålda av sina fattiga föräldrar. Där vissa fått ett arm, ett ben, eller ännu mer, avkapat för att det skulle skapa större medömkan hos dem som barnen tiggde av. Att dag efter dag stå öga mot öga med ett otal barn som for så fruktansvärt illa att man inte ens orkade tänka tanken klart. Att se det, och samtidigt förväntas ha både hopp och karriärplaner inför framtiden, kändes både cyniskt och helt omöjligt.

Man både tappar och hittar sig själv på sådana resor. På gott och ont. Resorna finns kvar i mig än i dag. Både som fantastiska minnen och erfarenheter som gett mig både förståelse och kärlek till så många trots att vi, i alla fall på ytan, är olika. Men också som rädslor och onda drömmar. Kombinationer av vissa ljud, lukter och mörker kan fortfarande dra mig tillbaka till det ögonblick en man var på väg att klättra över till den toalett där jag befann mig. Eller när jag var ensam i bussen som omringades av ett femtiotal nyfikna män som bankade på alla fönsterrutor för de ville komma in. Eller den natt då råttorna åt upp den födelsedagsfrukost vi köpt till en vän. Medveten om att de måste ha rumsterat runt mig. Kanske i min säng.

Jag klarade mig undan med blotta förskräckelsen. Men stråk av den skräck, jag upplevde då, finns fortfarande kvar i mig och kan väckas när jag minst anar det. Då tar rädslan över för en kort stund och jag jagas av hot som är borta sedan många år. Det är sådant livet gör med oss. Indien eller inte. Men det är inget jag skulle vilja vara utan. Vare sig Indien eller livet.

Efter den sista resan till Asien behövde den inre fågeln vila sig lite och låta erfarenheterna sjunka in. Detsamma gällde för mig. Men äventyren lät inte vänta på sig. För snart blev jag gravid och sedan mamma. Det är nog den mest spännande och omtumlande resan jag gjort i mitt liv. Och även den som gett mig mest trygghet. Så klart inte till att börja med, eftersom man plötsligt får ett så stort ansvar att det verkligen svindlar i en. Men på ett sätt finns det där redan från början. För plötsligt förstår man glädjen och ynnesten i att höra till. Att ha någon/några som man älskar över allt annat och som man vet att man kommer att älska så länge man finns. Som man verkligen skulle göra vad som helst för.

Under många år levde jag själv med barnen. Pojkvänner kom, men gick igen. Eller blev ivägskickade. Barnen blev äldre.

Livet gick med många timmar och energi på jobbet. Det återkommer jag till lite senare.

Plötsligt kom kärleken. Vi visste på en gång. Det var vi. Men inte var det bara lätt för det. Barnen var ganska stora så det var inga problem. Tvärtom. De önskade mig all lycka och tog också emot honom med öppna armar. Nej, det var annat som gjorde det hela kämpigt.

Först var det avståndet. Han hade nyss köpt ett hus långt ifrån där jag bodde. En stor ombyggnad var påbörjad så det var inte bara att sälja och flytta. I början ville han inte heller. Så vi pendlade. Det blev många trötta fredagar på tåget och lika många hjärtknipande farväl på söndagskvällar, eller i bästa fall måndagsmorgnar. Det här var en tid då ena barnet redan var vuxen och hade flyttat hemifrån och det andra var tonåring och allt som oftast på vift. Så kontrasten mellan intensiva helger, då allt skulle hinnas med, och ensamma vardagar blev plågsam. Men ni vet hur det så ofta är i livet. Man går och väntar på vad som ska komma sedan. Sedan när vi bor ihop. Då minsann.

Efter ett par år kom det jag längtat efter. Vi gifte oss och flyttade ihop. Detta "då minsann" var äntligen här. Och det består än. Men det där fantastiska som skulle komma med det har låtit vänta på sig. Förutom kärleken förstås för den är ständigt närvarande, om inte alltid i strålkastarljuset. Det blir för mycket att rada upp allt tungt som hänt för min man under de dryga fyra år vi levt ihop. Men för att nämna några; lurad på väldigt mycket pengar av en kollega och en manipulativ mamma, som plötsligt återvände från många år utomlands och tyckte att hon kunde lägga sig i sin sons liv igen. På ett väldigt obehagligt sätt. När det kändes som om min man tagit sig igenom ett mörker av stress och besvikelse över detta drabbades han av cancer.

Jag har varit med hela resan. När man står bredvid en svårt sjuk person, både länge och intensivt, kan det lätt bli så att man själv försvinner lite. Det är så klart en naturlig reaktion att ta ett steg tillbaka och fokusera på att hjälpa och stötta. I nöd och lust heter det ju och för oss gäller det till hundra procent. Men det är oundvikligt att det förändrar en. Till slut vet man inte riktigt vad man själv känner, vill eller tycker längre. Förutom att det är outhärdligt smärtsamt och skrämmande.

Att ha en svårt sjuk partner är som att ha en liten baby. Det jag menar med liknelsen är att det alltid finns en annan som kommer före en själv. En vilja som blir viktigare än din egen. Inget konstigt med det.

Medan barn till övervägande del ger en glädje och lycka, även om det kan vara mycket trötthet och frustration inblandad, så är det rädsla, ångest, sorg, förtvivlan och ilska över det så uppenbart orättvisa med det hela som är det man lätt kommer att bära på med en sjuk partner.

Med en så skrämmande sjukdom i familjen är det omöjligt att inte börja fundera. Man inser att man inte kan komma undan slutet. Man inser att man vill leva. Att det är riktigt, riktigt viktigt att få leva. Inte bara gå till jobbet och tillbaka utan faktiskt leva.

Jag har låtit alltför många dagar försvinna för att jag haft huvudet fullt av "då minsann" och "sedan ska jag allt…". Plötsligt inser man att nuet kanske är det enda man har. Om man inte lever nu kan man plötsligt ha missat alla tåg.

Jag skriver detta när min man är på rehabilitering. Det har snart gått ett år och cancern är borta. Om det fortsätter i samma riktning så blir han friskförklarad om ett år.

Vi har mer, än det jag redan nämnt, bakom oss. För under sin sjukdomstid har min man dessutom drabbats av sorg, då närstående släktingar gått bort, och därefter en obarmhärtig depression. Det hjälpte ju inte upp att hans mamma inte hörde av sig under hans svåra sjukdomstid och när de till slut träffades på en begravning behandlade hon sin son som en påse med skräp.

Det har tack och lov vänt och min man mår allt bättre för varje dag. I utrymmet som detta skapat har både jag och fågeln i bröstet vaknat till och längtar ut på resa igen. Och vi har faktiskt redan gett oss av. Men denna gång går resan inåt och neråt. Ner för att hämta upp allt som måste rensas ut. Det är hög tid att släppa ut nertryckt sorg, oro och förtvivlan. Inåt för att ändra på mina mönster. För att på allvar följa mina egna tips och leta efter en mindre guppig kupé på min fortsatta resa genom livet.

Kanske vill du också hitta en bättre plats i livets resa. En plats med bättre utsikt, mer äventyr eller kanske roligare reskamrater. Så välkommen att följa med på en likasinnads resa. Vi är många som kämpar i livets höga vågor. Jag hoppas att mina fem tips kan hjälpa dig att hitta en stilla vik att återvända till när det blåser för mycket.

Var ärlig med vad du kan och förstår

Detta med att tro sig veta. Eller att tro att det är bäst att verka säker på sin sak även om man inte har en aning.

Hmm. Jo, visst kan det vara så att man bara genom att verka bestämd och säker på sin sak faktiskt lyckas få folk att tro att man har koll och kanske till och med lyckas vinna en diskussion eller, Gud bevars, ännu mer. Men jag frågar dig: Vad har du egentligen vunnit? En sån framgång lyfter egentligen bara fram din förmåga att ljuga. Vilket i sig är föga smickrande. Dessutom har man målat in sig själv i ett hörn för nu förväntas man kunna just detta man ljugit om.

Det är knappast så man själv vill bli bemött. Vare sig av den kapten som ska flyga det plan du just bordar eller den person som håller i saxen och intygar att hen förstår vilken frisyr du vill ha. Eller av någon som verkar veta var isen är för svag och var den är tillräckligt tjock att gå på.

De flesta barn ljuger så det visslar om det. Men då handlar det både om att lära känna sig själv och sin omgivning och känna efter ordentligt var gränserna går. Det handlar också om att de har en mycket suddigare gräns mellan fantasi och verklighet än vi vuxna. Små människor har ju inte heller erfarenhet nog att bedöma vad som är rimligt. Det är vansinnigt gulligt och underhållande när en liten människa berättar om att hen just sett en drake i garderoben. Om ens sambo skulle försöka övertyga en om samma sak skulle man så klart tro att det var ett skämt. Och om sambon fortsatte så länge att man förstod att det var på allvar, skulle man antingen ringa någon spökutdrivare eller skjutsa sambon till psykakuten. Men oftast är det inte den typen av "lögner" man drar till med som vuxen. Man håller sig oftast inom en sannolikhetsradie vilket gör det svårare att upptäcka.

Jag tror inte jag är ensam om att känna personer som har ett starkt behov av att alltid ha rätt. Som verkar tycka att det vore jordens undergång att tvingas erkänna att de inte kan, vet eller förstår. För vilka en vit lögn är långt bättre än att behöva blotta sin brist. Detta blir ofta väldigt problematiskt då en lögn inte alltför sällan leder till ännu en lögn för att bevisa att den första vita lögnen var "sann". Denna lögn kan i sig leda till nästa som leder till nästa osv för att det inte finns en stabil sanning att bygga på. Resultatet blir ett rangligt korthus av små lögner där det blir svårt att komma ihåg vad man egentligen har sagt.

För ett tag sedan frågade min vuxna son något jag nu glömt vad det var. Men jag minns att jag inte visste svaret på frågan. Min man däremot svarade med bestämdhet. Jag tror min son tvivlade lite på huruvida min man egentligen var säker på svaret eller inte så han frågade:

"Vet du eller var det en mans-gissning?"

Jag skrattade gott. Det visade sig att min man visste svaret. Men frågan min son ställde avslöjade obarmhärtigt ett fenomen som kan reta gallfeber på de flesta kvinnor (och så klart andra män). Ni vet, när någon för fram sin åsikt som om den är en vetenskapligt säkrad kunskap. Bara för att denna någon inte står ut med att erkänna att det faktiskt bara är något som hen själv tror.

Paradoxalt nog vill många av oss, i alla fall många kvinnor i min generation, att männen omkring en faktiskt både ska kunna svara på allt och dessutom rädda en ur diverse besvärliga situationer. Vilket så klart bidrar till att just många män känner pressen att veta och kunna mycket mer än de egentligen gör.

Om alla höll sig till sanningen skulle det bli så mycket enklare och man skulle slippa bli felinformerad. Jag gissar att vi kan vara överens om att det är bättre att vara säker på vad som är sant än att den som är mest påstridig "vinner".

Jag brukar också tänka att alla människor faktiskt har mest rampljus på sig själva. Om jag inte kan eller förstår något, och därför frågar någon annan, så får ju den personen en chans att känna sig duktig och hjälpsam. Så på ett sätt så gör man andra en tjänst när man frågar om saker. Det kan vara värt att tänka på.

Att vara ärlig med vad man kan och förstår motsäger inte att man både kan och bör pröva nytt. Men jag tror det är viktigt att både erkänna och se glädjen i att vara nybörjare. Man kan ha stora förväntningar på sig, från både sig själv och omgivningen, ändå. Du känner ju dig själv och vet att du kommer att göra ditt bästa. Eller hur?

Tvärs om

Det finns ju ett tvärs-om-läge i den här frågan också, icke att förglömma. Det är när man faktiskt kan en massa men inte riktigt törs lita på sig själv. När det känns lättare att slinka undan och låta någon annan göra det. Någon som man tror är bättre på att göra det som ska göras. Eller när man struntar i vilket, bara man själv slipper, för att man inte gillar utmaningar. När man hellre ser med hundögon på någon än ger sig ut i det okända.

Det är helt okay nu och då, men absolut inte i längden. Jag anser att alla har sitt eget ansvar att utvecklas. Det är inte bra att bygga en bild av sig själv som den som inte kan någonting eller ens vill försöka. Den som alltid behöver hjälp. Det är absolut inte fel att ta hjälp. I ett senare kapitel kommer jag att argumentera för vikten av just det. Det är många av oss som är alltför duktiga, alltför länge. Jag menar nu de tillfällen när man ber om hjälp fast man skulle må väldigt bra av att prova själv. För det är viktigt att anta de utmaningar som tar en framåt i livet, skänker lite bättre självförtroende och ger en känslan av att "Tjoho, jag klarade det!"

Det är självklart att man behöver tid för återhämtning. Ofta och mycket. Tid för reflektion. Men frånvaro av engagemang, som ett självuppfyllande mål eller statiskt tillstånd, är inte bra för någon. Det betyder inte att jag menar att man ska stressa eller jobba ihjäl sig. För jag tycker inte att dessa tillstånd är varandras motsats. Enligt mig är motsatsen till det utmattande ekorrhjulet istället att få tid att pröva nytt, utvecklas, utmanas och lära känna sig själv. Vilket kräver både återhämtning och reflektion mellan varven.

Varför man bör vara ärlig med vad man kan och förstår

- Annars ljuger du.
- Det är svårt att komma ihåg lögner.
- Det är svårt att bygga på lögner.
- Du förväntas kunna detta hädanefter.
- Om folk ser igenom att du ljuger kommer de sluta lita på dig.

- Om du undanhåller vad du kan och vet stoppar du din
  utveckling.

- Anta nya utmaningar med glädje och nyfikenhet.
- Lita på att du klarar nya utmaningar. Du har ju varit med
  förr.

Var vänlig

Alltför många människor verkar tycka att det är okej att vara lite lagom ilsken och bossig i sina möten med andra människor. Det är klart, det kanske det är beroende på vad man vill uppnå. Om man vill slippa lyssna på andra, dessutom göra några ledsna och framstå som en otrevlig person så är det garanterat en bra metod. Men om man vill få andra att frivilligt förstå vad man menar, eller hjälpa en, är det inte så säkert att det funkar. I alla fall inte på lång sikt. Vill man få andra att tro att man är duktig och kan sin sak så misslyckas man med största sannolikhet.

Vi har nog alla upplevt ett otal personer ilskna till över än det ena, än det andra. Det är inget fel på att känslorna nu och då översvämmar en. Men det är inte bra att använda det som metod för att få sin vilja igenom.

När folk går in i ett samtal med ilska så blir andra människor ofta omtumlade. Man kanske inte ens förstår vad det rör sig om till en början. Den utsatta gör ofta sitt bästa för att förstå, förklara och försvara. I det här läget lyssnar de flesta av oss noga på den arga för att förstå vad man gjort för fel, eller vad det är man inte fattar och hur man kan rätta till det. Det är stressande när någon höjer rösten, särskilt när man inte tycker sig ha gjort något. De flesta av oss vill ju inte hamna i bråk.

Andra reagerar med att själva bli arga och när bråket är ett faktum har båda slutat lyssna. Då är det i stort sett omöjligt att lösa situationen hur enkel den än är. För några veckor sedan hörde jag ett fasligt liv utanför huset. Vi bor på sjunde våningen så ni förstår själva att det verkligen var högljutt. En manlig granne från huset bredvid hade just kommit hem och upptäckt att någon stod på hans parkeringsplats. Denna någon var en grannkvinna som höll på att lasta av något till soprummet precis bredvid. Denna situation hade kunnat passera med lätthet om mannen vänligt påpekat att hon stod parkerad på hans plats. Då hade hon med största säkerhet bett om ursäkt och flyttat sig och allt hade varit frid och fröjd.

Men mannen valde att fara ut och skrika som en galen, peka hotfullt på kvinnan och rycka i hennes bildörr som om han själv tänkte flytta på hennes bil. Till historien hör att mannen är både lång och välväxt. Kvinnan backade så långt hon kunde, ringde någon på sin telefon och höll fram den för att personen i andra änden skulle höra vad som hände. Samtidigt skrek hon tillbaka till mannen och kallade honom hemska saker.

En annan man, som passerade, ropade till den första mannen att han borde ställa sin bil för hennes så att hon inte kom ut. Vilket för mig verkade väldigt ologiskt. Då kunde han ju verkligen inte parkera på sin plats. Alltså en handling som helt skulle gå emot hans egen önskan. Men han gjorde det ändå, driven av en, för mig, obegriplig ilska.

Det visade sig att det var polisen som kvinnan ringt till. Så några minuter senare var de på plats och mannen fick snällt komma ut igen och flytta på sin felparkerade bil och ha ett långt samtal med polisen inför all grannar som nyfiket följde dramatiken från sina balkonger.

Kanske kan några av er förstå hans ilska när han såg att någon annan stod på hans parkeringsplats. Men ni kan säkert också förstå att det var just hans ilska som blev hans fall. Istället för att få parkera i lugn och ro slutade det hela med en polisanmälan. Med facit i hand var det inte ett bra val att låta ilskan styra.

För mig vittnar det om en dålig syn på sina medmänniskor. Samt en obehaglig egoism hos den arga personen. När man tar sig rätten att domdera över en annan människa har man ju någonstans bestämt sig för att ens egna åsikter och tillfälliga känsloläge är mer värda än andras.

Vi har alla blivit utsatta för liknande händelser. Kanske minns du just nu en situation och blir lite upprörd över den igen. Så där som man kan bli över gamla oförrätter som ligger och gnager i en. När man spelar upp situationen om och om igen men nu med ett perfekt och genomtänkt svar från dig.

För mig kan det vara när jag krockar lite lätt med en annan person i trängseln, på till exempel tunnelbanan, och sedan hör denna person svära högt för sig själv som om det bara var mitt fel. Det kan hänga kvar i mig alltför länge. Då kan jag, i tanken, upprepa en diskussion, som aldrig ägde rum, där jag försöker fråga hur i hela friden det bara var mitt fel att vi båda krockade med varandra. Det kan mala och mala och även i min fantasi har jag svårt att vara trevlig fast jag vet att det vore bäst. Jag får en dålig känsla i magen som liksom suger musten ur mig. Denna, till synes banala, situation kan få mig helt ur balans. För jag hatar trängsel, som så många andra, och försöker verkligen hålla ett bra flyt för att inte hamna i vägen för andra. Därför känner jag mig också fruktansvärt, orättvis behandlad när någon tycker att jag gjort fel, när hen faktiskt själv stod i vägen. Särskilt arg blir jag när personen i fråga inte vänder sig till mig utan ger uttryck för sin irritation rakt ut i luften utan att ens bevärdiga mig med en blick.

Jag undrar vad som skulle hända om jag, i en situation som denna, skulle klara av att le tålmodigt och vänligt och säga något i stil med "Nu blev det allt lite tokigt. Du råkade stå i vägen för mig. Men det är helt okay för jag förstår att du, precis som jag, försöker göra ditt bästa i såna här stressade situationer." Det skulle så klart lätt uppfattas som ironiskt och som upptakten till ett gräl och det skulle vara svårt att få till den där människokärleken i blicken.

Men om man lyckades så skulle det antagligen kännas otroligt bra. Om inte annat för att man inte dragits med i tjafset och låtit sig trampas på. Man skulle känna sig väldigt stolt över sig själv för att man lyckats ge lite vänlighet istället för att riskera att göra någon annan ledsen eller själv börja gråta. Eller, som i mitt fall, ägnat alldeles för mycket tid på att tänka ut ett riktigt bitigt svar som man aldrig någonsin skulle få chansen att använda.

Jag hade äran att känna en helt fantastisk man. Han kunde se det magiska i livets alla små delar och hade alltid något bus på gång. En gång berättade han om en granne som bankade i väggen varje gång han var på toaletten. Alla vi som har, eller har haft, sådana grannar vet hur jobbigt det är. Hur tyst man än är så bankar de eller skriver elaka lappar som får en att känna sig både förföljd och väldigt utsatt. Men den här mannen knackade tillbaka varje gång. När han till slut träffade på grannen i trappen utbrast han med glädje:

"Är det du som knackar till mig? Vad kul vi har."

Grannen, som var en dam, tappade helt hakan och det hela slutade med att hon, antagligen mot sin vilja men utan att se någon annan utväg, höll med om att det var mysigt och efter det knackade hon aldrig igen.

Det framgick aldrig varför hon knackat i väggen. Hade hon istället ringt på dörren och förklarat vad som störde henne hade hon med största sannolikhet fått ett mer förstående bemötande. Eller i alla fall tagits mer på allvar. Eller blivit bjuden på kaffe och lärt känna en trevlig granne.

Jag är full av beundran för min vän som orkade bemöta sin granne med nyfikenhet och människokärlek samtidigt som han lyckades avväpna henne. På ett sätt kan man se det som en liten hämnd. En hämnd som jag tycker var helt okej. Men i största allmänhet tror jag inte på hämnd. Hämnd är så klart ganska lätt att förklara och de flesta kommer att förstå.

"Hen var så dum mot mig så då gjorde jag så här..."

En del kommer till och med att uppmana till hämnd.

"Du kan ju inte bara låta hen få komma undan med detta. Du måste ge igen."

Jag tycker det är viktigt att känna att man kan stå för alla sina handlingar. Om en person kallar dig för idiot och du svarar med att kalla den något ännu värre så måste du kunna stå för att du faktiskt kallade denna person för något förnedrande. För det kan aldrig vara någon annans fel att du kastar glåpord efter någon. Hur dum den andra än har varit innan. Så om någon kallar dig idiot är det bästa att säga något i stil med "nu tycker jag att du är taskig" eller "där går gränsen. Nu får du ge dig."

Anledningen till att jag tänker som jag gör är att jag vet att hur mycket andra än kan såra en så är det man själv gör det absolut viktigaste för självbilden. Varje gång man låtit sig dras in i situationer som gjort att man är orättvis eller säger något dumt så kan man gå och vrida och vända på detta i evigheter och alltid med den där hemska känslan i magen.

Om man åker med i någon annans dumheter och ger elakt svar på tal så är man ju inte bättre än dem. Både inför sig själv och inför andra är det svårt att göra skillnad på era handlingar. Och den som kallade dig för idiot har inte längre någon anledning att be om ursäkt. Kanske tycker till och med både den personen, och eventuellt andra som råkat höra, att du var den mest elaka.

Att vara vänlig är inte mesigt eller fegt. Det är ett sätt att förhålla sig till sin omgivning som skapar förtroende och glädje. Som gör livet lite lättare. Både ditt och andras.

De bästa cheferna är de som lyckas få sin personal att prestera över vad de trodde var deras egen förmåga genom tilltro, coaching och vetskapen om att det är okej att misslyckas. De chefer som måste vara dominanta och buffliga döljer antagligen något under den kontrollerande ytan. Med största sannolikhet ett dåligt självförtroende eller oförmåga att lita på andra.

Om ens chef inte visar förtroende så stryper det gärna av ens riktiga utvecklingspotential. Det skapar snabbt osäkerhet om den egna förmågan och i längden blir det också tråkigt med envägskommunikation.

Att ta sig friheter

Detta gäller så klart inte bara chefer. Sura och buffliga personer finns även på träningen, i stallet, på föreningsmötet och alla andra ställen där människor samlas. För att inte tala om i relationer. Vad gäller att vara otrevlig mot ens partner är det lätt att själv förminska det man utsätter sin kärlek för. Man vaggar in sig själv i en falsk förvissning om att de ju känner en innerst inne och vet hur snäll och omtänksam man egentligen är. Men har du tänkt på att dina nära och kära också kan se din snäsighet som ett personlighetsdrag? Att de kan känna sig utsatta och bli ledsna även om de förväntas förstå att du inte menar att vara ilsk? Jag har sett alldeles för många lägga ansvaret för sitt beteende på andra istället för att själv ta ansvar för det. Om någon snäser åt en närstående är det upp till den närstående att "veta" att man inte vill illa. Men denna närstående kanske inte orkar ta emot hur mycket som helst. Till slut får den kanske för mycket av det snäsiga och börjar i värsta fall tvivla på sig själv. Eller på relationen. I det perspektivet är ett "förlåt, det var jag som var dum" inte så dyrt pris att betala, eller hur? Och en väldigt bra träning i att både bli medveten om, och ta ansvar för, sina handlingar.

Ännu snabbare kan det leda till katastrof, om du utan att reflektera över det, kör din hårda attityd mot någon som inte känner dig. Tycker man att den latte man just köpt för överpris är för kall så kan man förklara det snällt och vänligt och med största sannolikhet få en ny, varmare latte. Jag har svårt att tro att det finns särskilt många som skulle sälja kallt kaffe medvetet "bara för att". Trots det verkar alltför många av oss bygga upp ett rättfärdigande genom att tänka typ "jag är skitless för tåget var försenat, en gubbe tog den plats jag tänkte ta och till råga på allt så regnar det och jag ville bara ha en riktigt varm latte. Men inte ens det kan man få. Tydligen!" Man liksom skapar sig en värld där det verkar som att man kan samla poäng som gör att man till slut har rätt att vara snäsig.

Som jag ser det har man aldrig rätt till det. Om ingen har varit extremt och beräknande dum mot dig och det verkligen är dags att säga ifrån. Att råka göra en för kall latte ingår inte i det. Man får inte glömma att de flesta av oss kämpar på så gott vi kan. Vi har alla olika mått av osäkerhet i oss där vi tvivlar på om vi verkligen klarar av det vi håller på med. Det är precis den sidan man skär i med kniv när man är för sur mot baristan som gjort för kallt kaffe. Om man istället frågar vänligt så är möjligheten större för att baristan känner sig sedd, inser att du förstår att det bara var ett gruvligt misstag av engångskaraktär och gör allt hen kan för att rätta till misstaget.

Jag tror att det största problemet, som otrevliga och burdusa personer skaffar sig, är att de tappar andra människors engagemang. För människor slutar bry sig om otrevliga personer. Man är helt enkelt inte intresserad av att de ska lyckas. Går det riktigt långt kan det bli så illa att andra tvärtom vill att man ska misslyckas.

En del anser sig ha rätt att ”vara sig själv”, särskilt i sitt eget hem, och att detta innebär att man får vara grinig och elak. Jag undrar hur de ser på sig själv. Vem är de i sin innersta kärna? Ser de sig själv som en surkart utan inlevelseförmåga? Knappast. Skulle de göra det så ville de väl ändra självbild snarast möjligt?

Om du känner igen dig i beskrivningen ovan vill jag säga att jag absolut inte tror att du är ond. Du har bara hamnat i en dålig vana. En vana som du har möjlighet att ta dig ur. Om du känner igen dig är det kanske dags att fundera på vem du är och framför allt vem du vill vara för andra. Hur du vill visa dig för världen. Världen behöver medmänsklighet, förståelse, glädje och hjälpsamhet. Allt det har du inom dig. Om du plockar fram mer av det kommer du att lämna vackrare spår i både dig själv och din omgivning. Det bygger förtroende istället för murar.

Vi är inte mer än människor som alla har dåliga dagar, är morgontrötta eller stressade. Men ta ansvar för det. Lägg det inte på andra att de ska acceptera och förstå. Vad du än gör, om du känner igen dig i beskrivningen, så fortsätt inte "som vanligt" för att berättiga ditt agerande när du sett att du gör andra illa. För det verkar tyvärr vara en ganska vanlig reaktion när man känner sig avslöjad. När man inser att andra ser ens "dåliga" sidor. Istället för att vara lite kamratlig med sig själv och tänka att det där var dumt, nu tar jag nya tag, så fastnar man i ett självförsvar som drar en ännu längre ner i beteenden som både man själv och ens omgivning skulle klara sig mycket bättre utan.

Komplicerade relationer

Som ni nog förstod av inledningen så har jag en väldigt komplicerad relation till min svärmor. Nu tror jag i och för sig att hon inte anser sig ha en relation till mig över huvud taget. Hon vill nämligen ha sin son för sig själv. Han i sin tur vill inte ha med henne att göra, på grund av hennes beteende. Men så länge hon är hans mamma så ser jag det som om jag har en relation till henne, särskilt som hon fortfarande påverkar min man och därmed också mig.

Hon är typen som, från den stunden hon kliver över sin sons tröskel, kämpar för att vara den som bestämmer. Det kan handla om allt från var en soffa får stå eller inte (ingen frågade om råd, vi var nöjda som det var), huruvida vi får ha kvar en viss kastrull eller inte osv. Hon är också typen som gör grimaser bakom min rygg, inför min man, för att visa vad hon tycker om hans val av partner. Det fick hon, tack och lov, inte chans att göra mer än en gång. Han försökte verkligen förklara för henne vad i hennes beteende som sårade honom. Men när hon bara svarade med att håna honom och säga att han var barnslig bröt han kontakten.

Jag tror fortfarande att de flesta människor här i världen bara vill leva sina liv så bra och okomplicerat som möjligt. Men en del av oss har faktiskt fastnat i komplicerade relationer där vi vill något mer än bara gott. I min svärmors fall handlar det om att hon vägrar släppa taget om en maktposition som hon inte haft på väldigt länge. Makten att bestämma över sin son. Det är bara hon som inte inser att den tiden är förbi för väldigt många år sedan. Det är bara hon som slåss med näbbar och klor för att hålla tag i något som inte finns. När hon gör det kränker hon, å det grövsta, sin son. Men hon kan inte se det. Hon kan bara se att hon förlorat den position hon trodde sig ha. Så hon går i krig. I ett krig som har varat över flera år nu. Inte ens min mans cancer har fått henne att gå till vapenvila.

Det är fruktansvärt sorgligt när människor inte kan se vad de själva ställer till med. Inte kan se att det är viktigare att ha en någorlunda god relation än att vara den som styr och ställer. Hon kommer aldrig få rätten att kliva in i vårt hus och domdera. Om hon inte inser det kommer hon inte ens kunna träffa sin son. Det är dött lopp. Men för henne verkar det viktigare att stå på sig än att reflektera över vad som egentligen är värdefullt här i världen.

Detta är en både sorglig och ganska extrem historia. Men inte särskilt ovanlig. Med största säkerhet känner många igen situationen. Eller något som påminner om det. Känner igen den där förtvivlan och uppgivenhet när man inte kommer någon vart. När man ser den där missbelåtna grimasen eller när man inser att någon tagit sig rätten att flytta på, eller till och med slänga, ens personliga tillhörigheter för att denna någon tycker sig veta bättre.

Jag var inte huvudperson i detta drama och hade heller inget mandat hos svärmor så det är som det är. Men en liten sak gjorde jag som ändå kändes bra.

När vi efter lång tid utan kontakt träffades på en begravning kramade både jag och min man om henne och beklagade hennes sorg. Vi fick ingen kram tillbaka. Inte ett ord. Knappt en blick. Och den lilla blick vi fick var inte fylld av kärlek, om jag säger så. Det var en både olustig och sorglig upplevelse. Men jag är ändå väldigt stolt över att vi inte gick med på dramat. Vi gav henne det vi trodde hon behövde på denna sorgens dag. Att hon var oförmögen eller ovillig att ge detsamma till oss var sorgligt. Men mest för henne.

Så rådet är att inte gå med på att låta någon "ta över" det som är ditt. Men göra det så vänligt som möjligt. Där har ni en utmaning som heter duga!

Det finns få saker som så snabbt kan ge en energi och lyckorus som andra människors vänlighet. Vad skulle vi göra utan de där leendena i all hast från främlingar på gatan, hen som håller upp dörren när du har matkassas i båda händerna eller den där glada tunnelbaneföraren som gör lite extra av att du ska känna dig välkommen.

När jag bodde på Hägerstensåsen, för många år sedan, tog jag ofta bussen från Liljeholmen. Rutten kördes bland annat av en man med varm, finskklingande brytning som alltid hälsade var och en av oss passagerare välkommen. Väl på väg från Liljeholmen bjöd han på ett visdomsord eller två och när man klev av tillönskades man en trevlig kväll via bussens mikrofon och högtalare. Alla som klev av hade ett leende på läpparna. Larvigt eller inte så kände man sig sedd.

Jag minns en annan situation med värme i hjärtat. En situation som får en att tro på änglar. Detta var många år sedan och jag hade härjats en hel del av panikångest. Så mycket att jag undvikit att åka tunnelbana under ganska lång tid. Just denna dag var jag så less på att inte ha makt över situationen så jag bestämde mig för att det var dags att utmana mig själv att åka tunnelbana igen.

Det var så klart jobbigt, på gränsen till outhärdligt. Men jag hade också satt som orubbligt mål att jag måste ta mig hela vägen från Fruängen till T-centralen. Jag hade provat och misslyckats innan och alla ni som känner ångesten vet att den har en tendens att växa när man lyder den. När man viker för den starka känslan och avbryter det man förutsatt sig så känner ångesten att det är 1-0 till den. Vilket gör det ett snäpp svårare nästa gång man försöker.

Så här satt jag, fullt övertygad om att hålla mig kvar på tåget hur det än skulle kännas. Det började rätt okay. De första stationera var ovan jord så jag kunde se mig runt och försöka avstyra alla jobbiga tankar. Det blev värre efter Telefonplan när det kändes som om tåget kröp längre och längre ner i underjorden. Mellan Liljeholmen och Hornstull stannade tåget så klart i tunneln. Förutom att det var stressande att inte veta hur länge vi skulle bli stående där, jagade jag också upp mig för att vi var under vatten. Fantasi är fantastiskt med i såna här situationer är den inte alltid ens bästa vän. Jag blev både rädd och lite småförbannad för jag kände att någon måtta fick det väl ändå vara på alla dessa utmaningar man ska ha hela tiden.

Då hände det. En hemlös man kom släntrande i gången och frågade om någon hade några kronor att undvara. Jag såg på honom som en räddare som avbröt mina stressade tankar så jag lyckades le samtidigt som jag beklagade att jag faktiskt inte hade några kronor. Då såg han intensivt på mig, log tillbaka och sa:

"Det gör inget. För ditt vackra leende kan jag leva på hela dagen."

Sedan den dagen försöker jag att inte döma någon annan (även om det är svårt, på gränsen till omöjligt). För det han gav mig i den stunden var obetalbart. Det var en livlina från en människa till en annan i en svår situation.

Om ni håller med mig om det jag skriver om vänlighet kanske ni vill följa med mig på en tur lite djupare ner i problemet. För som jag behandlat det hittills kan det ses som överdrivna I-landsproblem av en del. "Vad sjutton gör det om någon gnäller på en? Det är bara att fräsa tillbaka."

Men jag tror att väldigt mycket kan förändras och förbättras med vänlighet. När man tar sig tid att lyssna och se andra, försöker se det från deras synvinkel och utgår från att folk gör så gott de kan. I alla fall för det mesta och utifrån sina förutsättningar och erfarenheter.

Om du ger lite vänlighet till en person, som inte väntade sig det, så kanske den i sin tur skänker en annan ett vänligt leende. Kanske ett leende som kommer att lysa upp ännu en annan medmänniskas dag. Vänlighet är som ringar på vattnet. De kan nå hur långt som helst om vattnet är lugnt och fridfullt. Är det däremot snålblåst eller storm behövs det viljekraft och uthållighet.

Alla är värda lite vänlighet. Livet är tufft nog som det är. Nog kan vi vara överens om att det är värt att hålla ihop och stötta varandra.

"Förutom de där skitstövlarna," tänker kanske en del av er. Men dessa skitstövlar menar vi olika beroende på vilka vi är och vad vi har för erfarenheter. Det kan vara de skräniga ungdomarna i centrum, det kan vara de som tigger på gatan, det kan vara de som gör inbrott i villaområdet, eller de som strömmar in i "ditt" land för att det är krig i deras.

Jag är helt övertygad om att man lär sig medmänsklighet, kärlek och respekt genom att själv ha ynnesten att få uppleva det. Hur ska man annars kunna förstå vad det är och ge det vidare? Att få det "bankat in i skallen" lär inte funka. Eller läsa sig till det. Särskilt om man inte kan läsa. Därför är det viktigt att vi alla hjälps åt att sprida vänlighet. Världen kan inte bli bättre än vad vi som bor i den är. Ni känner ju till uttrycket "en kedja är inte starkare än sin svagaste länk". Det är hög tid att stärka de där svagheterna och vi kan alla göra skillnad. Börja med ett litet leende.

Självklart är det svårt att visa kärlek och medmänsklighet mot någon som står och rycker i ens handväska eller sparkar på ens dotter. Vi måste sätta stopp innan det händer. Ingen ska behöva vara med om det. Varken som offer eller som förövare. För även förövaren är ett slags offer. För en svår barndom, utsatthet, ensamhet eller sina egna dåliga val.

Tänk om man kunde ändra på det. På de dåliga förutsättningarna, alltså. Göra så att alla fick chans att bli sedda, hjälpta och tillrättavisade på ett tydligt men förklarande sätt när de trampar fel. Att alla fick möjlighet att lära känna och utveckla sig själv under trygga förhållanden så de kunde växa upp till att blir empatiska och förstående medmänniskor.

Alla vet vi att de som misshandlar och utnyttjar sina barn oftast har varit utsatta själva. Hur kan det vara att vi fortfarande, så här långt in i modern tid, vet om det och ännu inte gjort tillräckligt för att bryta dessa kedjor? Det finns nolltolerans mot klotter, rökning på jobbet och jag vet inte vad. Varför finns det inte nolltolerans för att utsätta barn? Eller slå sin partner?

Även i din stad eller by finns det med största säkerhet barn som åker på stryk utan att någon försvarar dem, barn som går hungriga, barn som blir utfrysta och mobbade och barn som ständigt är rädda. Barn som har sett mer elände i sina korta liv än de flesta av oss svenska, medelålders människor har gjort. Några lider och går sönder i tysthet. Andra slår hårt och förtvivlat omkring sig. Ibland träffar slagen bara dem själva, ibland andra oskyldiga.

Människor med så här svår start i livet får det sällan enklare som vuxna. De saknar självkänsla och förebilder som har visat att ambitioner och viljestyrka är viktigt för att ta sig fram på livets snåriga stigar. Och har de ändå hittat det i sitt inre och tagit sig en bit på väg så är det annat som kan hindra. Allt från svårighet att ta sig ur sin miljö till att man har "fel" efternamn.

Jag tror att det är få människor som inte dömer, eller i alla fall antar saker om, andra. Det är väl en mänsklig egenskap att försöka definiera vad man har framför sig. Är det en vän eller en fiende? Det är när det finns färdiga mallar för hur man ska tänka om en hel grupp människor som det blir farligt. Som när Donald Trumph pekar ut några som omoraliska slashasar och ber de som står bredvid att ge sig på dem.

Jo, det finns människor på vår jord där livet lyckats göra dem till personer man bör akta sig noga för. Som man inte vill möte i vare sig en mörk gränd eller någon annanstans. Som man inte skulle vilja ha som vare sig statschef eller granne. Det är inte dem jag pratar om. Jag pratar om deras barn.

Att visa mer medmänsklighet är också ett sätt att utveckla sig själv. I slutet av dagen ger det helt andra värden än de som pengar kan ge. Även om man kan bli väldigt trött och förtvivlad över att ens middagar till mesta del består av falukorv och pannkaka, eller att man aldrig har råd med den semester man drömmer om, så är lyckan att få någon annan att le, eller bli tacksam över ens hjälp, en rikedom som ingen någonsin kan ta ifrån dig.

Man säger ju att vi människor är som vin. Med åren kan vi utvecklas till antingen fina, karaktärsfyllda årgångsviner eller till sur vinäger. Det är helt upp till dig hur just du ska bli.

- Man kränker sina medmänniskor om man är för burdus och bossig.

- Det är inte någon annans fel att du har en dålig dag.

- De flesta kämpar med att göra så gott de kan och förtjänar inte dåligt bemötande.

- Det är lättare att få andra att lyssna om man är trevlig och tillmötesgående.

- Genom att vara vänlig är chansen större att du får vänlighet tillbaka.

- Vi behöver alla dra vårt strå till stacken för en mer kärleksfull värld.

Goda råd:

- Var alltid vänlig för du vet inte vem du har framför dig, vilka sår du kan ge en annan människa, men också vilken betydelse en liten vänlighet kan ha.

- Ta ansvar för ditt beteende. Det är inget nederlag att ändra sig.

- Fundera på vem du är och vad du kan ge dina medmänniskor.

Vi är många som har en liten motor som går utav bara den hela tiden, trots att man egentligen inte orkar. En liten motor som bara ska kolla att alla har det fint innan den vilar. Att dottern (som faktiskt är 19 och klarar detta själv sedan flera år) har något att äta, att tvättmaskinen är igång, att blommorna har fått vatten, att disken är diskad osv. Den lilla motorn har en tendens att hjälpa en att fylla ens kalender med diverse uppdrag. Så den där vilan som förväntas komma efter att allt är "klart" och alla mår bra, infinner sig väldigt sällan.

Varje gång vi ska åka till landet brukar jag, i dagar, gå och fundera på vad jag ska göra för matsäck. Vi har en del matallergier i familjen så det kräver alltid sin tid att tänka ut vad jag ska baka för bröd, vad det ska vara för pålägg, vad vi ska dricka till och så vidare. Hur knasigt det än låter kan dessa tankar ge mig svårt att somna på kvällen. På natten snurras matplanerna in i mina drömmar som blir så där jobbiga, ni vet, när man liksom inte kommer någon vart hur mycket man är kämpar. Så de där mackorna stressar mig mer än någon kan föreställa sig.

Nästan varje gång slutar det med att vi äter hamburgare på någon snabbmatskedja längs vägen istället. Eftersom jag har ett krävande jobb och behöver min lilla, lediga tid till att packa hinner jag helt enkelt inte baka bröd. Vilket är okej för alla. Men i mitt huvud snurrar en känsla av misslyckande. Den lilla inre motorn har skapat mig ett eget drama som plågar mig utan att någon annan drabbas på minsta sätt.

Min man kan ofta spendera en hel dag i sängen när han tycker att han behöver det. Det kan vara allt från att han känner sig krasslig till att han bara är lite trött. Dessa dagar gör han typ inget annat än glor på sin dator. Vi delar lika på hemmets sysslor så det är absolut inte ett klagomål på en lat man. Det är en iakttagelse på hur otroligt olika vi är. När han är hemma och sjuk ligger det en hög med disk efter honom i köket och under sängen. Det är precis som det ska vara.

När jag är sjuk är det med största sannolikhet både diskat, tvättat och antagligen också middag på gång när han kommer hem. Och det är inte för att jag är mindre sjuk. Det är bara den där rackarns motorn som ser till att jobbet blir gjort.

Att min man har haft cancer har gjort denna skillnad ännu större. Han har så klart inte kunnat annat än ligga i sängen i långa perioder. Illamående, extrem trötthet, rädsla och depression har obarmhärtigt krävt ut sin rätt. Men även nu när tiden har gått, och han har varit frisk ett tag, så fortgår detta.

Vilket betyder att han har lärt sig någon viktigt. Nämligen att lyssna på vad kroppen och själen behöver.

Själv har jag upplevt mig tvungen att ha den inre motorn igång under hans sjukdom, för att det de facto var jag som var den enda som stod på benen och därför så klart hade ansvar för det mesta i långa perioder. Men även för mig gäller det att det nu är ett tag sedan. Jag har inte längre huvudansvar. Det är bara så svårt att släppa taget om det.

Som jag skrev i kapitlet om min egen resa så fick min man även en depression när två av hans släktingar hastigt gick bort i cancer. Det var en svår tid och tack och lov fick han bra hjälp från både Huddinge sjukhus och hans arbetsplats. Ett team på hans jobb hjälpte honom med hans konvalescens och terapeutiska samtal och han blev sjukskriven, först på heltid och sedan på deltid, efter eget tycke.

Under den här perioden började även mina krafter sina rejält. Det var tungt att ha en partner som gick från en sjukdom till nästa. Jag är en utåtriktad och nyfiken person med ett stort behov av att umgås och prata med andra. Så dessa år var särskilt svåra för mig eftersom min man drog sig undan väldigt mycket. Han hade stort behov av att få vara ifred vilket inte alls är märkligt. Men som färdkamrat på denna svåra resa kunde jag känna mig väldigt övergiven även om jag så klart förstod att det inte var min mans avsikt. Men det var tungt ändå. Vårt förhållande hade inte så många år på nacken och jag hade så mycket jag ville att vi skulle göra tillsammans. Att istället spendera all denna tid för mig själv var både tråkigt och förtvivlat. Det var som om tiden bara rann ifrån mig. Jag var oförmögen att utnyttja utrymmet till något eget eftersom jag var hopplöst fast i ett fokus på min man. Något han inte bett om men som jag inte kunde ta mig ur. Vilket inte var konstigt. Han var trots allt väldigt sjuk.

Eftersom det inte var jag som var sjuk var det svårt att ta upp hur jag kände. Mina behov kom väldigt tydligt i andra hand. Framför allt av mig själv. Det kändes på något vis som om jag inte hade rätt att ta plats just då.

Det här slet enormt på mig och plötsligt befann jag mig också i ett mörker. Inget kändes roligt eller behagligt. Det var bara tomt och mörkt. Som om livsglädjen försvunnit. Jag förstod att jag var deprimerad så jag sökte hjälp på vårdcentralen. Det som hände där var så förnedrande att jag inte kunde berätta för någon förrän efter flera veckor.

När jag väl satt på rummet med läkaren var det som att allt brast. Jag grät och grät och försökte förklara hur jag mådde mellan hulkningarna. Läkaren lät mig svara på ett antal frågor på en blankett och konstaterade, utifrån mina svar, att jag var deprimerad. Sedan såg hon på mig och gjorde klart för mig att ingen vill ha en sjuk fru eller mamma. Det var tydligen bara att bita ihop och bli glad och trevlig igen så att familjen fortfarande ville ha en. Läkarens tips var att köpa en blomma, ha lite färggladare kläder och äta antidepressiva. Jag ville inte ha antidepressiva så jag fick istället ett recept med antihistamin med mig och inget mer. Inte ens en tid för återbesök.

Så här har vi ett komplicerat problem. När jag väl bad om hjälp, som jag ju uppmanar er att göra om ni behöver, så fick jag ingen. I alla fall inget som fick mig att må bättre. Jag bara bet ihop och svalde tabletterna tills jag bestämde mig för att jag skulle lyckas må bra utan dem. Jag visste inte då hur det skulle gå till men hjälpen var på väg. Bara i en helt annan form än jag kunnat föreställa mig.

Jag hade förmånen att få åka till New York i jobbet. Länge tvekade jag, osäker på om jag skulle orka. Men det var bättre än alla mediciner och elaka läkare. Att under sex fantastiska dagar upptäcka en spännande stad och träffa roliga och tokiga människor var den bästa medicinen. Och framför allt att bara behöva tänka på vad jag ville och behövde, en stund i taget.

När jag en kväll satt i hotellets bar med min kollega och en vän, som bor i New York, berättade jag för första gången hela historien om mitt besök hos läkaren. Resan hade gett mig kraft att lätta mitt hjärta. Min vän från New York klappade mig på axeln och sa något om hur gräsligt jag blivit behandlad och den sympati och medlidande jag såg i deras blickar gav mig så mycket mer än de nog någonsin kan förstå. För första gången insåg jag på allvar hur illa läkaren hade gjort mig.

Detta kom att bli en vändpunkt för mig. Först då förstod jag på allvar att det läkaren sagt inte var sant. Detta att ingen vill ha mig om jag är sjuk. Och jag insåg att det är just det den där inre motorn säger till mig hela tiden. Att jag måste prestera och ta hand om allt. Annars är jag liksom inte värd någonting.

Så jag vill säga till alla er där ute:

Förstå att du är bäst även om du vilar en hel dag, struntar i tvätten eller låter disken vänta. Du är bäst även om du snubblar i livstrasslet. Snubblar, ramlar och har svårt att komma upp igen. Be någon om hjälp. Någon som är stark nog att dra upp dig på fötter igen. Om den första du frågar säger nej, eller bara går förbi, så fråga någon annan. Det finns någon därute som kommer att hjälpa och du är värd all hjälp du kan få.

Om att ge den inre motorn ledigt

Det är dumt att vara arg på den inre motorn eller tänka att utan den hade allt varit så mycket bättre. Man får inte glömma att den kämpar för dig i alla lägen. Dess drivkraft är ju att se till att du klarar dig. Så det bästa är att sätta sig ner och tala om för den att den har ledigt ett tag nu och att det kommer att ordna sig även om den inte är där och ser efter allt. Den kommer med största sannolikhet inte vara särskilt lättövertalad utan istället göra allt den kan för att lägga sig i planeringen som vanligt. Men med kärlek och tålamod kan du få den att förstå att det kommer att funka ändå. Att den inte längre behöver väcka dig klockan fyra på morgonen för att gå igenom allt som du ligger efter med på jobbet eller vad den nu tycker att du borde ta tag i.

Ska sanningen fram så är det nog inte bara den inre motorn som behöver övertygas om att den faktiskt kan ta ledigt. De största delarna av dig själv är nog precis lika oroliga. För det är mycket svårare att ändra sina mönster än vad man tror. Hur jobbiga de än är och hur bra man än kan se att det blir om man bryter dem.

Jag hade en gång ett samtal med en kvinna som var både arg och bitter för att det i stort sett bara var hon som skötte hushållssysslorna. Det lät ju väldigt jobbigt så jag gav mig på att försöka hjälpa henne. Jag hade gått en kurs i coachande samtal och ville både testa metoden och peppa henne att själv hitta en lösning. För så kan det ofta vara. Att man egentligen har svaren inom sig men inte riktigt hittar dom förrän någon frågar.

Men med denna kvinna fick det hela en annan vändning. Ju mer jag frågade, desto tydligare blev det att hon själv höll både man och söner ifrån alla hushållssysslor eftersom hon tyckte att de gjorde det på fel sätt. Så klart kan man tycka att de borde känt sitt ansvar och gjort det ändå. Men ni vet hur det är när någon hela tiden kritiskt kommenterar det man gör och berättar hur man borde göra istället. Till slut känner man ju bara för att strunta i det.

Så i det här fallet satt jag med en kvinna som ville ha hjälp men bara på sina premisser och det funkar inte. För då har den inre motorn faktiskt inte tagit ledigt. Den har bara bytt ut sin arbetsuppgift från utförare till kontrollant.

Att bryta mönster

Ni kanske undrar varför jag peppar er att ge den inre motorn ledigt och ändra era beteenden samtidigt som jag understryker hur svårt det är. Det är för att jag tycker det är viktigt att förstå hur svårt det faktiskt är så man slipper klandra sig själv om man halkar tillbaka in i gamla mönster. För detta eviga klandrande av en själv tar en ingen vart. Det gör bara att man tappar den lust och energi man behöver för att ta sig till ett nytt sätt att göra saker på.

Till min stora tacksamhet fick jag, till slut, träffa en samtalsterapeut på vårdcentralen när jag hade det som svårast. Hon förklarade för mig att det är förenat med ångest att byta förhållningssätt eftersom alla runt en kämpar för att man ska vara som man alltid har varit. Tydligen gör man även det själv så det är svårare än svårt. Men det går.

På mitt jobb är tempot enormt högt. Vi har deadlines som måste hållas så det är mer än en gång jag klivit upp och börjat jobba klockan 5 på morgonen och sedan jobbat 12 timmar i sträck trots att jag egentligen har ett kontorsjobb där man normalt jobbar från 8-9 på morgonen och 8 timmar framåt. Andra dagar har jag blivit sittande till sent på kvällen och ibland har jag till och med jobbat bort hela helger. För hur mycket jag än planerat min tid så finns det alltid chef, kollegor och "kunder" som kräver ytterligare prestationer av en. Problem som måste lösas NU, expertutlåtande som de bara kan få från mig, saker de ber mig om för att de inte själva har tid, och så vidare.

Ärligt talat har jag gillat detta till väldigt stor del. Gillat att jag är den som kan hjälpa till, men också älskat att ingen dag är den andra lik och att jag inte vet vilka utmaningar som väntar mig. Det är allt annat än tråkigt. Men det är också vansinnigt stressande att ha en deadline som man inte förstår hur man ska hinna till, samtidigt som flera kräver din hjälp prick nu. Eller när man går hem först runt klockan sju på kvällen, hungrig, trött och med lätt huvudvärk och ännu inte löst hur man ska hinna göra det där som ska vara klart tills imorgon.

När min man var sjuk tvingades jag att göra ett avsteg från det här sättet att jobba. Det var som om jag fått sirap i hjärnan. Det tog tid för mig att ställa om eller förstå något nytt. Om det kom för mycket information på en gång, eller om jag förväntades att snabbt byta fokus mellan olika ämnen, så stängde hjärnan ner totalt. Under den här tiden fick jag dagligen be folk tala långsamt och bara om en sak i taget.

Nu har tiden gått och jag kan återigen jobba snabbt och dynamiskt. Problemet är att jag inte alltid vill det längre. Jag har insett hur extremt jobbigt det är att liksom vara på topp hela tiden. När man har stått lite vid sidan av och studerat det galna tempot vill man inte tillbaka igen. Det kräver så otroligt mycket av en. Numera känner jag också, på ett helt annat sätt, hur det tar musten ur mig. Det tar helt enkelt upp för stor del av mitt liv.

Jag skulle nog tråkas ihjäl om jag inte hade ett stimulerande arbete. Det är jag fullt medveten om. Jag är också medveten om att jag har väldens finaste arbetskamrater. Men jag har nu till slut bestämt mig för att det är okay att tycka att det är för krävande i alla fall. Att tycka att vi lever i en värld där vi hela tiden ska prestera mer på kortare tid. Hur länge kan det fortgå innan alla brakar ihop?

Min stora utmaning nu är att försöka hålla saker och ting som de var när min man var sjuk och jag hade problem med koncentrationen. Göra en sak i taget och inte stressa. Absolut göra ett bra jobb. Men för den sakens skull inte fånga alla bollar bara för att man kan. Det handlar inte om att sega på jobbet, läsa aftonbladet eller ta för långa kaffepauser. Inte för mig i alla fall, för det ger mig inget. Men det är så klart helt okej om det är just det man behöver för att koppla av en stund. Nej, för mig handlar det om att få låta var sak ta sin tid. Att hinna tänka eller läsa igenom något man skrivit, ännu en gång, istället för att hasta iväg det bara för att sedan oroa sig för att det inte var bra nog. Eller ta sig tid att prova göra saker på ett annat sätt. Att dra ner på tempot för både bättre kvalitet och för ett bättre arbetsklimat. För att få göra sina arbetsuppgifter en i taget och inte alla på en gång.

Ett sådant, lite långsammare, tempo skapar lätt ångest. Det känns som man inte gör sitt yttersta. För att det till synes inte går lika fort eller för att jag inte fångar alla bollarna på en gång. Men det gäller att ta sig igenom det. Hålla tempot nere, hur jobbigt det än är. För då kan man plötsligt komma att inse att även om jag inte fångar bollarna så blir de i alla fall liggande vid mina fötter tills jag tar hand om dem. Man kan också inse att ingen dör av att du tar det i din egen takt. Vare sig bollarna själva eller någon annan.

Jag känner fortfarande, med jämna mellanrum, en press att driva upp mitt tempo och mitt engagemang. Trots att jag, steg för steg, börjat inse att denna "lugnare" arbetsmetod på något underligt sätt ger bättre, och ibland till och med snabbare, resultat. Så jag kämpar i min ensamhet. Jag gör vad jag kan för att hålla tempot nere och se till att jag inte luras in i samma ekorrhjul igen. Det är svårt att be kollegorna om hjälp med detta eftersom de kämpar med sina egna mönster, påtryckningar och plikter. Men jag gör så gott jag kan för att hålla ögonen på både mina och andras mönster och hålla mig fast vid det arbetstempo jag bestämt mig för. Och kan jag, så kan du.

Martyrskapets bojor

Jag har sett mer än en bekant/vän/kollega fastna i stressen. Steg för steg drogs de in i en olöslig situation utan att dra i nödbromsen. När de väl insåg att deras situation inte var hållbar var det oftast för sent. Livet hade skenat och de kom inte åt vare sig ratt, växel eller broms.

När man kommit så här långt brukar allt handla om hur jobbigt det är, hur man inte hinner, hur orättvist behandlad man är, hur man är den enda som ser hur det egentligen borde vara osv. Alla dessa tankar och åsikter kan vara sanna för både den drabbade och omgivningen. Skillnaden är att omgivningen även kan se andra sanningar medan den stressade är fast i det negativa.

Jag har också varit i dessa trakter och nosat. Slunkit in med en fot men lyckats få fast mark under den andra i sista sekunden. Min förståelse för det här tillståndet är riktigt stort. Men jag vet också att det är fruktansvärt jobbigt och krävande att vara nära en person som befinner sig i här tillståndet. Inte för att man inte förstår. Inte för att man inte kan känna en enorm medkänsla. Inte för att man inte vill hjälpa. Utan för att de som befinner sig i det här tillståndet är så utmattade att de bara kan fokusera på sig själv och sitt eget akuta trauma. Det är den enda sanningen man kan se och man har ingen kraft att reflektera över att andra kan uppleva det på annat sätt. I ens desperata behov av stöd och hjälp är risken stor att man tar känslomässigt stryptag på sin omgivning. Vilket gör att folk kan dra sig undan.

Det här är ett fruktansvärt svårt tillstånd. Och livet är tyvärr inte alltid så rättvist som man skulle vilja. Man får inte alltid hjälp när man behöver det som mest. Men alla säger samma sak: det tar lika lång tid att ta sig upp som det tog att ta sig ner. Vilket betyder att det tar tid att tillfriskna. Det betyder också att du har varit utsatt för stress väldigt länge.

Min uppfattning om stress är att det inte är = mycket att göra, utan = hur din relation till det du måste göra ser ut. För att hamna i en utbrändhet, eller vad det kallas nu för tiden, har du först befunnit dig i en jobbig situation väldigt länge. En situation där du känt att du inte har kontroll, inte hinner, inte duger, utnyttjas, inte räcker till, inte får jobba klart…. Om du någonsin kommer dit – ta tag i det så fort du bara kan. Låt inte veckorna gå ifall du plötsligt känner att "det här fixar jag inte". Hissa röda varningsflaggan och prata med chefen eller partnern. Funkar inte det så prata med kollegor, facket, HR-avdelningen eller din läkare. Ingen, och då menar jag verkligen INGEN, vill se dig utbränd eller sjukskriven.

Det är absolut arbetsgivarens ansvar att du har lagom arbetsbelastning. Men om du inte berättar att du håller på att krackelera så får heller ingen veta det. Om det skulle vara så illa att man har en chef helt utan inlevelseförmåga måste man dra in personalansvarig och/eller facket. Jag vet inte hur vanligt det är. Men jag vet att det allt som oftast är vi själva som driver på alldeles för hårt. Vårt behov av bekräftelse har alltför lätt att bli vårt fall. Vi ignorerar tröttheten, jobbar på nätterna för att bli klar och plötsligt går det bara inte längre.

Chefen är ansvarig för din arbetsplats. Men du är ansvarig för ditt liv. Om du kör på, över din ork och förmåga, samtidigt som du låtsas att det är okej, så är det inte så konstigt om du smäller in i väggen. Även om det bottnar i en vilja att dra sitt strå till stacken och göra så gott man kan så måste du själv ta ansvar för tempot. Om du fortsätter att säga ja till fler och fler arbetsuppgifter, som du egentligen inte har tid med, så är vinsten att du får känna dig duktig, men förlusten kan bli så mycket större.

Själv har jag, efter år av arbetsnarkomani, kämpat med mig själv för att bara jobba 8 timmar om dagen. Om jag jobbar över en dag försöker jag kompensera genom att gå lite tidigare en annan dag. Som jag skrev tidigare upplever jag att jag är mer effektiv på jobbet nu. Jag får mer gjort på kortare tid. Jobbet kväver mig inte för jag tillåter mig att släppa det när jag går därifrån. Jag sneglar sällan på arbetstelefonen på kvällar och helger. Jag har ett LIV. Jag är också mer fokuserad när jag är på jobbet, mindre känslomässig vid motgångar och njuter av mina lediga dagar på ett sätt jag inte gjort innan.

Varför man bör be om hjälp när man behöver det:

- Ingen tjänar på att du kör slut på dig, särskilt inte du själv.
- Det är du som vet bäst när det är på väg utför. Det är inte troligt att någon annan kommer att tala om när det är dags för dig att stanna upp.
- Om du låter det gå för långt tar det också lång tid att "komma tillbaka".
- För att du inte ska fastna i martyrskapens bojor.

- Bestäm inte på förhand vilken hjälp som duger och vilken som inte duger. Anledningen till att du behöver hjälp är att du inte lyckats lösa det själv och då är det dumt om du låst fast dig vid en lösning.

- Ta ledigt från att vara duktig och unna dig att bara göra ingenting då och då.

- Ta befälet över ditt liv – du bestämmer tempot.

Heja på ditt eget lag

”Okay, vad är nu det här”, kanske du tänker. ”Jag har inget lag. Jag bryr mig inte så särskilt om idrott.”

Nej, det gör inte jag heller. Men jag har ett alldeles eget lag. Så är det faktiskt. Ibland består det laget bara av mig. Vid de tillfällena är det extra viktigt att heja på det laget. Även om jag så måste stå ensam med fanan i regn och snålblåst. Alltså inte på riktigt. Men det ska gärna kännas så.

För även om andra hejar på ditt lag så är det superviktigt att du tar ditt uppdrag som lagledare på allvar. Lagledare och absolut största supporten. Den som peppar dig vid motgångar. Den som klappar dig tröstande på axeln och tror på att du kommer att hämta hem det förr eller senare. Den som vet att ett misstag inte är så mycket att hänga upp sig på utan mer ett sätt att lära sig något nytt.

De flesta av oss har andra runt oss som också hejar på vårt lag. Ofta med mer entusiasm och tilltro än oss själva. Tyvärr hjälper det inte hela vägen ut om du inte själv är en helhjärtad supporter.

Tänk efter… Hur många gånger har du hängt kvar i, och ältat, ett misslyckande långt efter att andra klappat dig på axeln och sagt att du gjort ditt bästa, ”bättre lycka nästa gång” eller "vad gör det om 1000 år"? Om ni är som mig har ni gjort det så många gånger att ni inte längre kan räkna till det. Och är ni som mig kan ni säkert inte heller ge ett bra exempel på vad ni (eller någon annan för den delen) har vunnit på denna fixering vid misslyckandet. Så varför inte heja på ditt eget lag istället? Säga till dig själv att det är okay. För du om någon vet ju att du gjort ditt bästa. Klappa dig själv på axeln. Och då menar jag rent fysiskt. Det kan kännas larvigt till en början. Men det gör susen i längden. Tro mig, jag gör det ofta.

Några av oss har inte andra supportrar. Kanske lever just du ensam och utan nära vänner. Eller kanske har du någon eller några som ständigt klagar på dig. Som inte kan låta bli att säga hur dålig de tycker du är på än det ena än det andra. För dig är det både extra svårt och extra viktigt att hålla på ditt eget lag. Att ge dig själv kärlek och stöd för att du klarar det så bra trots ensamhet eller motstånd.

Att heja på sitt eget lag hänger också ihop med det jag skrev om i förra kapitlet. Att inte vara den som pressar sig själv till överdåd. Att inte var den som förväntar sig så mycket av dig själv att det är omöjligt att leva upp till. Eller att du skapar en situation där du ständigt blir besviken på dig själv.

- Du är ditt eget ansvar.

- När man möter livets motgångar är man bättre rustad om man har stöd och förståelse av sig själv.

- Men förståelse och omsorg om dig själv kan du lättare växa som människa och bli mer tolerant mot andra.

- Om du har ditt eget stöd behöver du inte känna dig försakad om du inte får det av andra.

- Hur ska du kunna älska andra om du inte älskar dig själv?

Goda råd:

- Öva dig på att se dina goda sidor. Om du bara kan se dåliga sidor kan du passa på att ändra på dem, istället för att klaga på dig själv. Då har du något att vara stolt över hädanefter.

Ge plats åt dig själv

Ibland är det svårt att veta vad man tycker. Alltså verkligen tycker. Till exempel var jag länge väldigt osäker på om jag faktiskt gillar kaffe eller om jag bara dricker det av gammal vana. Eller ska jag vara ärlig så brottas jag faktiskt fortfarande med denna fråga. Det kanske låter märkligt men det är sant. Jag kommer inte ihåg hur det kom sig, men en dag började jag plötsligt fundera över vad jag egentligen gillar. Det handlade både om favoritfärg, mat, inredning och så kaffe. För ibland blir jag osäker på om jag gillar något på riktigt eller om jag tror det av bara farten för att andra gillar det, eller för att jag har gillat det tidigare. Till exempel har rött alltid varit min favoritfärg. Men när jag vid det här tillfället tänkte igenom det så insåg jag att jag faktiskt gillar grönt mycket bättre. En färg som jag tyckte var direkt ful när jag var barn.

Jag har en drömbild. Ni vet en sådan där man tänker på för att överleva, till exempel när det är snöblandat regn och man har glömt sitt paraply eller när man på väg hem från jobbet, hungrig och med lätt huvudvärk, hamnar bredvid någon på tunnelbanan som inte verkar förstå den avancerade ljudtekniken i en mobiltelefon utan tror sig måste halvskrika för att bli hörd.

Då tänker jag på hur jag sitter på en solig balkong på Gran Canaria. Solen har gått upp för en stund sedan och sträcker sig precis in över balkongen och nuddar mina tår. Morgonen är ljum och jag har bara på mig en tunn sommarklänning. Och sandaler så klart eftersom stengolvet fortfarande är kallt efter natten. Jag ser havet från min balkong och hör vågorna slå mot klipporna nedanför. När jag tar en klunk av mitt kaffe är lyckan fullbordad. I drömbilden har jag köpt snabbkaffe och mjölk i den lokala butiken.

För någon vecka sedan fick jag äntligen resa till Gran Canaria. Första morgonen satte jag mig på balkongen. Solen hade precis gått upp. Det var varmt och skönt. Fortfarande skugga på balkongen men solen höll precis på att leta sig in över balkongräcket. Jag hade på mig en sommarklänning, en kofta och sandaler. Balkongen vette mot havet och en fantastisk utsikt. När jag satte mig på den vita plaststolen hörde jag vågorna slå mot klipporna alldeles nedanför. Detta var en stund jag så länge drömt om. Det känns inte som jag har tillräckligt starka ord för att beskriva hur underbart det kändes. Overkligt men helt fantastiskt.

När jag tog den första klunken av kaffet blev jag förvirrad. Det var ju inte alls så där gott som jag tänkt mig. Inte för att det på något sätt tog udden av allt det andra. Men det var inte gott på det sätt jag tänkt mig. Inte gott alls, för att vara ärlig.

Senare samma dag köpte jag en ny kaffesort. Men nästa morgon var det ändå samma besvikelse. Jag hade det fortfarande obegripligt fantastisk, det var inte det. Det var bara så märkligt för mig att det inte var gott. Det var ju ändå en del av min dröm. Så även om det inte var gott så drack jag vidare, morgon efter morgon. För att jag ville att det skulle vara gott.

Det är vansinnigt viktigt att njuta här i livet. Men det är också viktigt att ständigt omvärdera vad som får en att njuta. För det känns ju dumt att fortsätta med något som bara funkar i drömmen.

Man får se det som en upptäcktsfärd i livet. En upptäcktsfärd som kan lära en saker om en själv. Det kan handla om allt från trivialiteter som kaffe till val av yrke eller kanske till och med partner. Det är viktigt att göra saker så bra för en själv som möjligt. Nu. Och vet man inte vad som är bra för en, ja då måste man ju prova sig fram.

När jag var ung hade jag en kompis som vidhöll att hon inte tyckte om att resa utomlands. Tills hon plötsligt reste utomlands. Efter det kunde hon inte få nog. Vilket visar att det är viktigt att hålla bilden av sig själv levande och rörlig. Man ÄR inte på ett visst sätt hela livet. Man får ändra sig hur mycket man vill. Och det är viktigt att man tillåter sig själv att göra det. Jag tror att även personer som gillar strikta rutiner skulle må bra av förändringar och att prova nytt. Det kan vara världsomvälvande ändringar men det behöver verkligen inte vara det. I alla fall inte varje dag. Det kan vara att springa åt andra hållet i joggingspåret, kliva av på en annan hållplats eller köpa en tidning man aldrig läst innan. Bara för att vidga vyerna på både livet men framför allt på en själv.

Jag är en person som gärna sätter mig på samma plats hela tiden och jag vet att jag inte är ensam om att göra så. Det märks, om inte annat, på jobbets avdelningsmöten. Kanske är vi alla som katter, som har hittat våra egna kraftplatser där vi trivs bäst. Eller så är vi bara vanemänniskor som gör samma sak om och om igen av bara farten. Så, medveten om att det antagligen är det sistnämnda alternativet, sätter jag mig på nya platser ibland. Fast det till en början tar emot. Nästan alltid kommer jag fram till samma sak. På en ny plats känner jag mig lite friare, ser saker lite ur ett annat perspektiv och åker inte lika lätt in i mitt ”vanliga” sätt att tänka. Det kanske inte syns utåt. Men det känns så och den känslan är väldigt viktig.

Nu kan detta med att sätta sig på annan stol i mötesrummet verka som en trivialitet. Kanske inte helt värt att skriva en bok om, kanske ni tänker. Men tänk så här: om ni inte ens vill sätta er på en annan stol, hur ska ni då kunna klara av att ta större steg för att förändra era liv? De små stegen kan vara viktigare än du tror. Ett litet steg leder till ett större, och så vidare.

En annan sak som är värd att tänka på i detta
sammanhang är att det man mest älskar eller längtar efter också
kan vara det man är mest rädd för. Jag älskar havet. Det finns
inget mer vackert, inspirerande, lugnande, helande och befriande
än att se ut över havet. Men om jag bara tänker tanken att kliva
ner i detta fantastiska blå, från en båt en bit ut, så svindlar det
för mig. Tanken på att inte veta vad som rör sig under en är
vansinnigt skrämmande för mig. Jag kan till och med få ett stråk
av den känslan i den djupa delen i en pool.

Jag vet att jag inte är ensam om att känna dessa kluvna
känslor. Många känner samma sak som mig inför havet, andra
tänker detsamma om utsikten från höjder. Vad gäller kärlek är
det nog ännu vanligare. Och livet...

För många är jobbet en plats som både ger en utmaningar
och bekräftelse, vänner och konflikter. En del av oss vill mest
bara få jobbet gjort så vi kan få gå hem och ägna oss åt det
"riktiga" livet. För dessa personer är det så klart jobbigt att
utmanas med uppgifter man inte vet om man klarar och hur
som helst inte har lust att lägga tid på.

För andra är jobbet en plats där man får bekräftelse och
spännande utmaningar. Man gillar att sätta tänderna i uppgifter

som man är osäker på om man klarar. Utmaningen gör det spännande och man mår riktigt bra om man ror det hela i hamn. Dessutom kanske man får en klapp på axeln både av chefen och av en själv.

Med tanke på hur stor del av ens liv de flesta av oss spenderar på jobbet så är det också en viktig plats sett ur ett socialt perspektiv. En del av oss har sina allra bästa vänner på jobbet och längtar till gemensamma stunder på kafferasterna, medan andra vill hålla distansen till kollegorna och ha sina "riktiga" vänner utanför jobbet. Men även då är det så klart viktigt att relationerna känns goda. Det måste vara fruktansvärt att befinna sig på allt från ett jobb där man bara inte gillar sina kollegor till en situation där man är direkt utsatt för mobbing.

Jag gissar att de flesta av oss har haft, om inte helt så i alla fall delvis, arbetsuppgifter som varit både rejält tråkiga men också uppgifter som det tagit emot att göra. Som ung jobbade jag mycket som timanställd på sjukhus. Jag hade ingen utbildning men på den tiden kunde man lätt få extrajobb som vårdbiträde. Man ringde regelbundet och bokade in sig på vakanser på olika avdelningar och olika pass. Det var ett jobb som passade mig rätt bra då, även om jag ibland kunde känna mig lite vilsen. Eftersom jag inte pluggat sjukvård visste jag inte riktigt alltid vad patienterna kunde förväntas ha för problematik.

Men det mesta löste sig för som vårdbiträde fick man tydliga instruktioner vad gällde ens arbetsuppgifter.

Jag minns en period då det plötsligt inte fanns några lediga pass. Det var en tid då jag var i desperat behov av att jobba eftersom jag behövde pengarna. Vilket gjorde att jag skrev upp mig på ett städpass. Efter den dagen har jag en otrolig respekt för städare.

Jag är av naturen ingen ordningsmänniska. Även nu när jag är 54 år behöver jag ta mig själv i örat när det oåterkalleligt är nödvändigt att dammsuga. På mitt skrivbord ligger "allt det där viktiga" huller om buller i osorterade högar. Även om jag har "bra" platser att lägga viktiga papper på så har jag oftast svårt att hitta dem när de behövs. Saker jag behöver komma ihåg, som t.ex. inloggningsuppgifter, har jag en förkärlek till att skriva upp på något gammalt kuvert eller liknande som råkar ligga i en av kaos-högarna på mitt skrivbord. Ett kuvert som jag sedan lätt kan råka kasta bort när ett städtvång kommer över mig.

Nu har ni säkert redan förstått att ett städpass för mig kändes som ett mångårigt straff på någon avlägsen fängelse-ö. Redan efter 20 minuter var jag beredd att akut-sjukskriva mig. Hade jag inte haft händerna fulla med torktrasa eller svabb hade jag säkerligen ritat ett sånt där "tiden-går-rutmönster" som jag alltid gjorde på tyskalektionerna i gymnasiet. Ni vet där varje ruta representerar, t.ex. som i mitt fall, fem minuter och så kryssar man av eftersom tiden går. Ett sätt att förstå att man inte kommer vara fast i detta tråkiga i all evighet, samtidigt som man fokuserar på tiden istället för på det tråkiga som man egentligen förväntas göra.

Nåväl, jag överlevde städpasset men gick därifrån med lärdomen att aldrig mer ens så mycket som snegla på ett städjobb. Inte för att städjobb på något sätt är sämre än något annat utan bara för att det inte passar mig. Och eftersom det inte passar mig så gör jag inte ett bra jobb. Gör jag inte ett bra jobb så kommer folk att klaga och det slutar med att alla inblandade är missnöjda.

Jag är väl medveten om att alla inte har möjlighet att välja och vraka mellan jobb. Att det faktiskt är en väldig lyx att kunna säga nej till ett jobb. Det är också just därför jag vill peppa dig att både tänka och känna efter vad du egentligen vill jobba med och försöka styra det ditåt.

När det var 30 år sedan jag gick ut 9:an var jag för första, och antagligen enda, gången på en återträff med min gamla klass. Där träffade jag en klasskamrat som jag umgåtts en del med när jag var yngre. Men inte så mycket under högstadiet att vi hållit kontakt efter det. Så det var så klart trevligt att träffa henne igen. Men det som grep tag i mig var hennes berättelse om sin resa i arbetslivet. Hon arbetade som städare och hade gjort det i alla år sedan vi senast träffats. Med glitter i blicken berättade hon att hon nyligen fått i uppdrag att skriva en lathund till nya och vikarierande städare. Var och hur de skulle städa och vad som var extra viktigt att tänka på. Själv tänkte jag på min enda dag som städare och rös till lite av obehag. Men jag kunde samtidigt se hur otroligt viktigt detta var för henne. Att hon var utsedd till att instruera andra för att hon gjorde ett så bra jobb.

Så utmaningarna och framstegen ser olika ut för oss människor. Men de är lika viktiga för oss alla.

Att kliva in i nuet

Många av oss har någon typ av dröm som ligger en bit in i framtiden. Man tänker att "sedan så.. då ska jag minsann…" Men tiden när detta sedan bara ska checka in av sig själv uteblir om man inte jobbar aktivt på det. Detta som man tänker sig att man ska göra "sedan" när allt det "andra" är på plats kommer faktiskt inte av sig själv.

Allt som handlar om "sedan" finns egentligen inte. Man måste göra det till ett "nu så" för att det ska bli verkligt. Om man väntar på att det ska komma av sig själv, när man är redo för det, eller att tiden känns rätt eller någon annan måttstock man bestämt sig för ska styra det hela, så blir man sittande. År efter år. Jag tror det är få förunnat att känna att nu har jag tillräckligt på fötter, nu är tiden inne, nu är jag mogen för detta o.s.v. Utmaningen är att bara bestämma sig och sedan köra på det. Även om man känner sig som Bambi på hal is. I nästa kapitel beskriver jag min egen historia om detta och hur svårt det kan vara att leva sin dröm. Men först ska jag ge ett annat exempel på varför det är viktigt att kliva in i nuet.

Igår när jag satt och skrev kom min dotter och satte sig bredvid mig och började prata. Jag blev lite stressad för jag hade ett bra flyt. Skrivandet är viktigt för mig både för att det har kommit att bli min egen oas, där jag kan hämta kraft, men också för att jag har hopp om att jag ska kunna tjäna mina pengar på detta en dag. Vilket skulle hjälpa mig att inte vara så splittrad mellan alla mina måsten. Så först tänkte jag be henne göra något annat så jag fick skriva i fred. Men så insåg jag att detta var en viktig del av mitt "riktiga" liv. Ett här och nu. En magisk stund när vi pratar förtroligt eller bara sitter tillsammans. Bitar av livet som blir till små, lyckliga stjärnor som man kan minnas i evighet.

Magiska stunder som dessa erbjuds dig hela tiden. Men du kanske måste se dig om efter dem och bli medveten om när de är närvarande. Istället för att stressa sig igenom dem för att du har annat att stå i. Se en liten extra stund på den fantastiska kvällshimlen trots att du känner vikten av att kolla huruvida potatisen kokat klart eller inte. Sätt dig ner på trappen bredvid

ditt barn eller barnbarn och lyssna på den märkliga logiken när
hen berättar om hur något funkar. Byt några ord i vänlig
förtrolighet med grann-tanten eller lägg dig ner i gräset och titta
på molnen. Något som de flesta av oss älskade att göra som
barn. Så varför sluta?

Jag har i hela mitt liv haft bilden av mig själv som
författare. Hon som skriver. I unga år skrev jag också mycket.
Dikter, pjäser och spex. Jag hade till och med några manusjobb
inom TV.

Men så fick jag barn. Och då hinner man ju inte. Sedan
fick jag jobb. Då hinner man ju inte heller. När så barnen inte är
små längre är det plötsligt så mycket annat att stå i. Man måste
handla och laga mat. Diska. Tvätta kläder. Umgås med maken
och träffa vännerna. Jobba övertid.

STOPP!!! Det är här man faktiskt måste säga stopp till sig
själv. För om man inte är kapabel att skotta fram det man
behöver för att göra det man vill, så kan jag garantera att ingen
annan kommer att göra det heller. När jag blev medveten om
detta har jag studerat mig själv och insett vilken expert jag blivit
på att undvika det jag tänker att jag så gärna vill. Jag vill vara en
författare och det finns faktiskt inga hinder. Det är bara att sätta

71

sig ner och skriva. Men jag kan göra en väldigt lång lista på saker som jag har prioriterat före det. Och det är inte för att jag har krävande man eller barn. De gör allt de kan för att peppa mig med mitt skrivande. Det är uppenbarligen jag själv som haft svårast med det. Och om du känner igen dig – gör inte samma misstag som mig och börja klandra dig själv nu. Lägg energin på att göra det du vill istället.

I tidigare kapitel skriver jag om hur viktigt det är att ständigt uppdatera vem man är. Själv har jag, som sagt, alltid sett mig själv som författare. Men när jag till slut blev det fick jag en chock. Men jag backar och drar hela historien så du förstår.

Problemet med mitt skrivande i unga år var att jag inte hade tålamodet och strukturen som krävs för att göra ett riktigt bra jobb. Texterna låg halvfärdiga i högar (detta var på skrivmaskins-tiden) och lämnades så när nya idéer dök upp. Det var inte det enda området i mitt liv där jag hade svårt att färdigställa och avsluta men nog det området där jag led mest av det.

På mitt jobb har jag varit tvungen att jobba med båda dessa delar och med åren har jag blivit rätt bra på det. Vilket också lett till att jag blivit mer strukturerad och bättre på att avsluta saker även i mitt privatliv. Detta, tillsammans med att min mans sjukdom fick mig att börja skriva igen, gjorde att min första bok plötsligt var klar för ett halvår sedan.

Jag bestämde mig för att ge ut boken under pseudonym. I oktober 2015 publicerades min första bok och den andra kom i december. Böckerna gav jag ut via ett självpubliceringsförlag. De enda som visste var min man och mina barn.

När min första bok dök upp på en "mest utlånade e-böcker"-lista fick jag en chock. Jag blev rädd (fortfarande obegripligt för vad) och kände mig liksom avslöjad på något konstigt sätt. Och väldigt blottad. Det var som att det var först när jag såg boken på nätet som jag förstod att jag faktiskt publicerat den. Detta kan ju så klart höra ihop med min dåvarande situation med sjuk man och egen depression. Men det handlade nog också om att det varit en dröm så länge att det kändes overkligt när det väl blev sant.

För att kliva in lite mer i min nya roll gav jag bort några böcker. Det var en sann skräck att göra det. Varför vet jag inte. Men jag gissar att det hade att göra med att jag nu måste stå för det jag skrivit. Jag riskerade att bli kritiserad för det som var mitt allra innersta och heligaste. Det var inte längre bara min egen oas.

På julafton strax efter gick jag igenom samma pärs när jag gav varsin bok till min pappa och min syster. Det märkliga med den här historien är att jag gav bort den bok jag gett ut i december men nämnde inte ens att jag gett ut en bok innan denna. Vilket min syster (som är en modern människa som ser saker på internet) snart upptäckte och undrade vad det var för bok som jag inte berättat om. Jag kunde verkligen inte förklara. Visst, den boken är mörkare och brutalare men både mina vänner och min familj kan ju se skillnad på verklighet och fiktion så det är ju inte ett egentligt problem.

Jag har inget svar. Men jag vill dela med dig, kära läsare, hur svårt det är att leva sin dröm. Hur glad man än är när den förverkligas kan den också ha en mängd problem med sig. För mig låg svårigheten i att kliva in i rollen trots att jag tyckte att den var så självklar.

Med tiden har jag växt in i det och jag kan inte längre tänka mig ett liv utan skrivande. Att skriva är min livsluft och helt klart min livsuppgift. Vägen hit har varit snårig och utmanande men det har verkligen varit värt det. Äntligen känner jag att jag "kommit hem" i mig själv.

Kanske har du gjort en liknande resa. Om inte så peppar jag dig att göra det. Försök förverkliga den där drömmen du gömmer inom dig. Du behöver inte ta dig dit i ett nafs. Men börja i alla fall att ta små steg i rätt riktning. Det är inte fjantigt att "bara" sätta sig på en annan stol än man brukar. Det kan vara den övningen som gör skillnad när det väl gäller. Eller så kan det vara precis just det som är din utmaning.

- Du ska leva med dig själv hela livet så det är viktigt att du gör så gott du kan för att få det bra.

- Det är viktigt att leva i nuet och bara du själv kan skapa det utrymmet åt just dig.

Goda råd:

- Ta tid att lära känna dig själv.

- Ta små steg, för att utvecklas, när du kan.

- Kom ihåg att det "riktiga" livet pågår hela tiden. Så skapa stunder som ger dig glädje, här och nu, och som du kan ta med som fina minnen längs vägen.

- Vänta inte på allt fantastiskt som du hoppas ska hända "sedan". Gör det nu.

- Det kan vara svårare än man tror att leva sin dröm – så öva. Alla små förändringar räknas.

Kanske är ni flera som nu undrar om detta var allt. Jag vet att det knappast är några nyheter jag kommer med. Att jag inte är den som uppfunnit konsten att skapa minsta möjliga motstånd. Men kanske är jag ännu en röst. En röst på din väg som får dig att tänka "det här har jag hört förut". Jag hoppas att min lilla bok också får dig att tänka "Undrar om det stämmer?" eller kanske till och med "Jag kanske borde ta och prova". Om du gör det så blir jag glad. Både för din skull, för min skull och för världen eftersom du kommer att göra den ett litet uns bättre.

Nu lyfter jag min hatt i en ödmjuk hälsning och hoppas du har en solig dag framför dig på livets väg. Jag är glad att våra vägar korsades. Kanske ses vi igen. Men tills dess…

Hoppas du får en fin vandring!